Ingrid Betancourt, geboren 1961, wuchs in
Paris auf und studierte Politikwissenschaften.
Seit 1989 arbeitete sie zunächst im kolumbianischen Finanzministerium, bevor sie
sich mit dem Versprechen, gegen die Korruption im Land zu kämpfen, um ein Man-
dat im Parlament bewarb.
Aus erster Ehe mit Fabrice Delloye hat sie
zwei Kinder, Mélanie und Lorenzo. Im Februar 2002 wurde sie entführt.

Ingrid Betancourt

Meine liebe Maman …

Ingrid Betancourt

Meine liebe Maman …

Mit einer Antwort von
Mélanie und Lorenzo Delloye-Betancourt

Und einem Vorwort von Elie Wiesel

Ins Deutsche übertragen
von Barbara Sethe

Langen*Müller*

Die Originalausgabe erschien unter dem Titel
»Lettres à maman par-delà l'enfer« bei Editions Seuil.

Besuchen Sie uns im Internet unter
www.langen-mueller-verlag.de

© für die Originalausgabe by Editions du Seuil,
Ingrid Betancourt, Mélanie und Lorenzo Delloye-Betancourt, 2008.
Vorwort von Elie Wiesel © Elirion Associates, 2008.
© 2008 für die deutsche Ausgabe by Langen*Müller*
in der F. A. Herbig Verlagsbuchhandlung GmbH, München
Alle Rechte vorbehalten
Umschlaggestaltung: Wolfgang Heinzel
Bild auf der Umschlagrückseite: @ Clément Prioli/Apercu
Satz: VerlagsService Dr. Helmut Neuberger
& Karl Schaumann GmbH, Heimstetten
Gesetzt aus der 11,75/16 Punkt GaramondBQ
Druck und Binden: GGP Media GmbH, Pößneck
Printed in Germany
ISBN 978-3-7844-3147-5

Inhalt

Vorwort
von Elie Wiesel

Lesen Sie diesen Brief. Lesen Sie ihn genau. Die Stimme, die sich an Sie wendet, wird Sie die ganze Nacht wach halten.

Ihr Alltag im Dschungel unter den Anhängern der Gewalt und des Hasses: Sie beschreibt ihn in einer einfachen und berührenden Sprache.

Ihr Gefühl der Einsamkeit, die Sehnsucht nach den Ihren, ihre Ängste, die an Verzweiflung grenzen.

Man hielt sie für stumm, tot, sie, die schon zu lange eingesperrt, gequält, gefoltert, von den Politikern verlassen und im fernen Dunkel verborgen war.

Ihre Bewacher setzen alles daran, sie ihrer Gaben der Intelligenz und Sensibilität zu berauben. Sie versuchen, sie noch mehr zu isolieren, indem sie sie dem Wahnsinn aussetzen.

Aber Ingrid Betancourt bleibt klar im Kopf. Und mutig, heldenhaft. Und frei.

Ja, diese Kämpferin für die menschliche Freiheit,

»hat Lust auf nichts, um wenigstens von Wünschen frei zu sein«.

Aber ihre Wünsche sind einfach und erschütternd: den Peinigern, den Henkern zu trotzen.

Bei aller Brutalität des Bösen dennoch ihre Würde und ihren Glauben an den Menschen zu bewahren.

Im Namen ihrer Menschlichkeit und der Ihren bitte ich Sie, ihrer Stimme zu lauschen.

Für Sie ist das wenig. Für Ingrid Betancourt ist es eine Botschaft, ja ein bewegendes Zeugnis der Solidarität.

Elie Wiesel

Brief von Ingrid Betancourt

*A*m 24. Oktober 2007 hat Ingrid Betancourt die-sen Text verfasst. Sie wird im kolumbianischen Dschungel von den Farc (Fuerzas Armadas Revolucionarias de Colombia: Revolutionäre Streitkräfte Kolumbiens) seit dem 23. Februar 2002 als Geisel festgehalten. Er ist an ihre Mutter adressiert sowie an ihre Kinder Mélanie und Lorenzo, ebenso an ihre Familie. Das in einer gleichmäßigen engen Schrift geschriebene Manuskript wurde zusammen mit einem Video und Fotos (auf dem Einband) bei der Verhaftung der Guerilleros in Bogotá beschlagnahmt. Die kolumbianische Regierung stellte im Dezember 2007 der Familie von Ingrid eine Kopie zu. Der Text wurde mithilfe von Mélanie und Lorenzo Delloye-Betancourt aus dem Spanischen ins Französische übersetzt.

Ingrid Betancourt, geb. 1961, ist Französin und Kolumbianerin, war Abgeordnete, dann Senatorin in Kolumbien. Dort hat sie unentwegt einen mutigen Kampf gegen Korruption und Drogenhändler *gekämpft. Als sie für die Präsidentenwahl aufgestellt wurde, hat man sie entführt. Vor diesem Brief hatte ihre Familie seit 2003 keinerlei Nachricht, kein einziges Lebenszeichen von ihr.*

Dschungel in Kolumbien
Mittwoch, den 24. Oktober 8 Uhr 34
an einem Morgen,
so trübe wie meine Seele

Meine über alles geliebte Maman,

jeden Tag stehe ich auf und danke Gott dafür,
dass ich Dich habe. Jeden Tag schlage ich um
vier Uhr die Augen auf und mache mich fertig,
damit ich richtig wach bin, wenn ich die Nachrichten der Sendung *La Carrilera de las 5* höre.
Deine Stimme zu hören, Deine Liebe, Deine
Zärtlichkeit, Dein Vertrauen und Dein Engagement zu fühlen, mich nicht alleinzulassen, das
ist meine tägliche Hoffnung. Jeden Tag bitte ich
Gott, Dich zu segnen, Dich zu schützen und
mir dazu zu verhelfen, Dir eines Tages alles
zurückgeben, Dich wie eine Königin behandeln
zu können, an meiner Seite, denn ich ertrage
den Gedanken nicht, erneut von Dir getrennt
zu werden.
Der Dschungel hier ist sehr dicht, kaum ein
Sonnenstrahl dringt hindurch. Aber es ist eine

15

Oase der Zuneigung, der Solidarität, der Zärtlichkeit, und Deine Stimme ist die Nabelschnur, die mich ans Leben bindet. Ich träume davon, Dich so fest zu umarmen, dass ich in Dir versinken möchte. Ich träume davon, Dir sagen zu können, »Maman, *mamita,* Du wirst niemals mehr meinetwegen weinen, weder in diesem Leben noch in dem anderen«.

Ich habe Gott gebeten, dass er mich Dir eines Tages beweisen lässt, was Du für mich bedeutest, dass ich Dich schützen und Dich nie mehr eine Sekunde ganz allein lassen kann. In meinen Lebensplänen, wenn ich eines Tages die Freiheit wiedererlange, möchte ich, *mamita,* dass Du daran denkst, bei uns oder bei mir zu leben. Keine Botschaften mehr, niemals mehr Telefon, niemals mehr weite Entfernungen, kein einziger Meter mehr soll uns voneinander trennen, denn ich weiß, dass alle ohne mich leben können, nur Du nicht. Mich beflügelt jeden Tag die Hoffnung, dass wir zusammen sind, und wir werden sehen, wie Gott uns den Weg zeigen wird, wie wir uns organisieren werden, aber als Allererstes möchte ich Dir sagen, ohne Dich hätte ich bis heute nicht durchgehalten.

Jeden Tag fragst Du mich, wie mein Leben aussieht. Ich weiß, dass Pinchao[1] Dir viele Details berichtet hat. Ich bewundere Pinchao sehr. Was ihm da gelungen ist, ist heldenhaft. Eines Tages werde ich ihn, wenn Gott will, ganz fest in meine Arme schließen. Das konnte ich nicht tun, als er sich aus dem Lager stahl. Hilf ihm so viel wie möglich. Vor allem, wenn er einen Zufluchtsort braucht, sag ihm, wie sehr ich ihn liebe und wie ich zu Gott gebetet habe, dass er seine Heldentat überlebt. Nun, seit Pinchao geflüchtet ist, haben sich unsere Bedingungen noch mehr verschlechtert. Die Vorschriften sind drakonisch geworden, und es ist entsetzlich für mich. Sie haben mich von all denen getrennt, mit denen ich mich am besten verstanden, mit denen ich vieles gemeinsam und für die ich eine große Zuneigung gehegt habe.

---

[1] Jhon Frank Pinchao, ein kolumbianischer Polizist, war fast neun Jahre lang eine Geisel der Farc. Im Mai 2007 gelang ihm die Flucht, nachdem er 17 Tage lang durch den Dschungel marschiert war. Er hat erzählt, dass er beinahe drei Jahre Gefangenschaft mit Ingrid Betancourt geteilt hat.

Sie haben mich in eine menschlich sehr schwierige Gruppe gesteckt.

Mamita, ich bin müde, des Leidens müde. Ich war oder ich habe versucht, stark zu sein. Diese fast sechs Jahre Gefangenschaft haben mir gezeigt, dass ich weder so widerstandsfähig noch so mutig, intelligent und stark bin, wie ich dachte. Ich habe viele Schlachten geschlagen, ich habe mehrmals zu fliehen versucht, ich habe mich bemüht, so wie man den Kopf über Wasser hält, Hoffnung zu bewahren. Aber heute, *mamita,* fühle ich mich geschlagen. Ich möchte glauben, dass ich eines Tages von hier wegkomme, aber mir wird klar, dass das, was den Abgeordneten[2] zugestoßen ist und was mir sehr wehgetan hat, mir jeden Augenblick auch zustoßen kann. Das wäre wohl für die ganze Welt eine Erleichterung.

---

[2] Im Juni 2007 haben die Farc den Tod in einem »Kreuzfeuer« von elf Abgeordneten verkündet, die sie 2002 entführt hatten. Deren Familien hatten die Vermittlungsversuche verstärkt, von denen einige fast gelungen wären.

Ich spüre, dass meine Kinder, während sie darauf warten, dass ich freikomme, ein Leben in der Schwebe führen, und Dein tägliches Leiden, das der ganzen Welt, hat zur Folge, dass der Tod mir wie eine sanfte Lösung erscheint. Zu Papa[3] zu gehen, um den ich nie aufgehört habe zu trauern: Seit vier Jahren beweine ich jeden Tag seinen Tod. Immer denke ich, dass ich irgendwann aufhören werde zu weinen und es von da an vernarbt ist. Aber der Schmerz kommt wieder und stürzt sich auf mich wie ein tollwütiger Hund, und wieder fühle ich mein Herz in tausend Stücke zerspringen. Ich bin des Leidens müde, möchte nicht mehr jeden Tag den Schmerz in mir tragen, nicht mehr mich belügen, weil ich denke, dass all das vielleicht ein Ende haben wird, und nicht mehr feststellen, dass jeder Tag der Hölle des vorangegangenen gleicht.

Ich denke an meine Kinder, an meine drei Kin-

---

[3] Gabriel Betancourt, Ingrids Vater, der Erziehungsminister und Botschafter von Kolumbien bei der UNESCO war und seiner Tochter sehr nahestand. Er starb einen Monat nach ihrer Entführung.

der, an Sébastien[4], an Méla und an Loli[5]. So viel Leben ist zwischen uns dahingeflossen, dass ich diese lange Zeit der Entfernung nicht mehr fassen kann. Sie sind dieselben und sind es nicht mehr. Jede Sekunde meiner Abwesenheit, in der ich nicht für sie da sein kann, um ihre Wunden zu versorgen, sie zu beraten, ihnen Kraft, Geduld und Demut zu geben, das Leben anzupacken, alle diese verlorenen Gelegenheiten, ihre Maman zu sein, vergiften mir zusätzlich meine Momente unendlicher Einsamkeit, es ist, als spritzte man mir Tropfen für Tropfen Zyanid in die Venen.

Mamita, es ist ein sehr schwerer Moment für mich. Mit einem Mal wollen sie Lebenszeichen, und ich schreibe Dir auf diesem Papier mit angespannter Seele. Es geht mir körperlich schlecht. Ich esse nicht mehr, ich habe den Appetit verloren, mir fallen die Haare in

---

[4] Sébastien, Sohn aus der ersten Ehe von Fabrice Delloye

[5] Mélanie und Lorenzo Delloye, ihre Kinder

Büscheln aus. Ich habe auf nichts Lust. Ich glaube, das ist das einzig Gute: auf nichts mehr Lust zu haben. Denn hier in diesem Dschungel lautet die einzige Antwort auf alles »Nein«. Deshalb ist es besser, nichts zu wollen, um wenigstens frei von Wünschen zu sein. Seit drei Jahren bitte ich um ein Nachschlagewerk, damit ich etwas zu lesen habe, um etwas zu lernen und die intellektuelle Neugierde wachzuhalten. Ich hoffe weiterhin, dass sie mir wenigstens aus Mitleid eines verschaffen, aber es ist besser, gar nicht daran zu denken. Hier ist alles ein Wunder.

Jeden Morgen Deine Stimme zu hören ist ein Wunder, denn mein Radio ist sehr alt und beschädigt. Versuche es immer, mir eine Nachricht zukommen zu lassen, wie Du es ja auch machst, am Anfang der Sendung, denn danach gibt es viele Interferenzen, und nach 5 Uhr 20 kann ich nur erraten, was Du mir sagst. Und wenn es eine wichtige Information gibt (wie Astrids Heirat), wiederhole sie im Laufe der Nachrichten. Ich habe erst Weihnachten vor zwei Jahren von Astrids und Daniels Heirat erfahren. Du hast sie sicherlich erwähnt, aber ich habe es nicht verstanden!

Übrigens, was das Radio angeht, möchte ich Dich bitten, geliebte *mamita*, den Kindern zu sagen, dass sie mir dreimal pro Woche eine Nachricht senden, montags, mittwochs und freitags. Dass sie Dir zwei Zeilen per E-Mail schicken, und Du liest sie mir vor. Nichts Erhabenes, alles, was ihnen in den Kopf kommt oder worauf sie Lust haben, schnell hinzuschreiben, von der Art wie »Maman, es ist schönes Wetter heute, ich werde mit Maria zu Mittag essen, ich habe sie sehr gern, ich bin sicher, sie wird Dir gefallen« oder »Ich bin erschöpft, aber heute habe ich in einem Kurs, den ich ungeheuer mag, eine Menge über die neuen Kinotechniken gelernt«. Ich brauche nichts anderes, nur Kontakt mit ihnen zu halten.

Jeden Tag warte ich ungeduldig darauf, dass Du von ihnen erzählst oder dass Du mir sagst, wenn Du mit ihnen gesprochen hast. Das macht mir am meisten Freude, es ist das Einzige, was mir wirklich wichtig ist, die einzige lebensnotwendige Information – über alles hinausgehend und unersätzlich, alles Übrige bedeutet mir nichts mehr. Ich hätte gern, dass auch Sébastien mir schreibt. Ich möchte wissen, wie es mit seiner

Arbeit steht, seinem Gefühlsleben etc. etc. Ich bin zu hundert Prozent einverstanden, dass Du mich nicht in aller Herrgottsfrühe am Sonntag[6] anrufst. Der Gedanke, dass Du die ganze Nacht aufbleibst, stundenlang wartest, Dich aufreibst, quält mich sehr … Ich höre aus Solidarität mit den anderen die Sendung weiter, aber ich wäre ruhiger, wenn ich Dich sanft schlafend in Deinem Bett wüsste.

Nun ja, wie ich Dir schon gesagt habe, das Leben hier ist kein Leben, es ist eine trostlose Zeitverschwendung. Ich lebe oder überlebe in einer zwischen zwei Pfosten gespannten Hängematte, darüber ein Moskitonetz und eine Zeltplane, die als Dach dient und mich glauben lässt, ich hätte ein Haus. Ich habe ein Brett, auf das ich meine Sachen lege, das heißt, meinen Rucksack mit den Anziehsachen und der Bibel, die mein einziger Luxus ist. Alles ist bereit, um sofort davoneilen zu können.

---

[6] Jeden Sonntag überlässt die Sendung *Las voces del secuestro (Die Stimme der Gefangenen)* den Familien der Geiseln das Wort. Sie kommen nacheinander, um ihre Botschaften zu senden, in der Hoffnung, dass sie im Dschungel gehört werden.

Hier gehört nichts niemandem, nichts ist von Dauer, die Unsicherheit und Ungewissheit sind die einzigen Konstanten. Sie können einem jede Minute den Befehl geben, sein Bündel zu schnüren, und jeder muss in welchem Loch auch immer schlafen, sich hinlegen, wo auch immer, wie ein Tier. Diese Augenblicke sind besonders schwierig für mich. Meine Hände werden feucht, mein Geist vernebelt sich und ich führe schließlich alles doppelt so langsam aus wie gewöhnlich. Die Märsche sind ein Leidensweg, da meine Ausrüstung sehr schwer ist. Ich schaffe es kaum, sie zu tragen. Manchmal nehmen mir die Guerilleros ein paar Sachen ab, um das Gewicht zu verringern, aber lassen mir die »Pötte«, das heißt, alles, was für unsere Toilette nötig und was am schwersten ist. Alles ist mühsam, ich verliere meine Sachen oder sie nehmen sie mir ab wie die Jeans, die mir Méla zu Weihnachten geschenkt hat und die ich trug, als sie mich entführt haben. Ich habe sie nicht mehr wiedergesehen. Das Einzige, was ich retten konnte, war die Jacke, und das war ein Segen, denn die Nächte sind eisig, und ich hatte nichts anderes, um mich gegen die Kälte zu schützen. Davor liebte ich es, im Fluss zu baden. Da ich die einzige Frau in der Gruppe bin, muss ich es fast völlig angezogen tun: Short, Hemd und Stiefel! Wie unsere lieben Großmütter früher. Davor schwamm ich mit Wonne im Fluss, aber jetzt bin ich schnell außer Atem. Ich bin schwach, verfroren und empfindlich, ich ähnle einer Katze vor dem Wasser. Ich, die ich so das Wasser geliebt habe, erkenne mich nicht wieder.

Gewöhnlich turnte ich zwei Stunden am Tag, manchmal sogar drei. Ich hatte mir ein Gestell gebastelt, eine Art kleine Bank aus Zweigen, die ich *step* nannte, und dachte dabei an die Übungen aus der Gymnastikstunde: Die Idee war, hinauf- und herabzusteigen, als handle es sich um eine Treppenstufe. Es hatte den Vorteil, wenig Platz einzunehmen, denn manchmal sind die Lagerplätze so klein, dass die Gefangenen fast aufeinander liegen. Aber seit sie die Gruppen getrennt haben, habe ich weder die Lust noch die Energie, irgendetwas zu tun. Ich mache ein paar Dehnungen, denn von der Anspannung ist mein Hals blockiert. Das tut sehr weh. Die Übungen helfen mir ein wenig, den Hals zu dehnen. Das ist meine ganze Aktivität, *mamita*.

Im Übrigen verhalte ich mich still, mache so wenig wie möglich den Mund auf, um Probleme zu vermeiden. Die Anwesenheit einer Frau unter lauter Männern, die seit acht oder zehn Jahren Gefangene sind, ist ein Problem. Ich höre RFI und BBC, ich schreibe sehr wenig, weil die Hefte sich stapeln und sie zu tragen eine echte Tortur ist: Ich musste mindestens vier verbrennen. Außerdem nehmen sie einem bei den Inspektionen das weg, woran man am meisten hängt. Ein Brief von Dir, der mich erreicht hatte, wurde mir 2003 nach dem letzten Lebenszeichen weggenommen. Die Zeichnungen von Anastasia und Stanis[7], die Fotos von Méla und Loli, Papas Überwurf, ein Regierungsprogramm mit 190 Punkten, das ich im Laufe der Jahre mit Anmerkungen versehen hatte – sie haben mir alles genommen.

Jeden Tag bleibt mir etwas weniger von mir selbst. Die anderen Details hat Dir Pinchao

---

[7] Ingrids Nichte und Neffe

erzählt. Alles ist mühsam. Das ist die Realität.

Es ist wichtig, dass ich diese Zeilen denjenigen widme, die mich atmen lassen, die mein Leben sind. Denjenigen, die mich vor dem Ertrinken erretten, die mich nicht in der Vergessenheit, dem Nichts und der Verzweiflung versinken lassen. Das sind Du, meine Kinder, Astrica[8] und ihre Kinder, Fab[9], Tante Nancy und Juanqui[10]. Meinen drei Kindern, Sébastien, Méla und Loli, gib ihnen vor allem meinen Segen, möge er jeden ihrer Schritte begleiten. Jeden Tag vertraue ich mich Gott, Jesus und der Jungfrau Maria an. Ich empfehle meine Kinder Gott, damit der Glaube immer mit ihnen sei und sie sich niemals von ihm entfernen.

Sage ihnen, dass sie mir immer während dieser so harten Gefangenschaft ein Quell der Freude gewesen sind. Hier hat alles zwei Gesichter, die Freude mischt sich mit Schmerz, das Glück ist

---

[8] Astrid, Ingrids Schwester
[9] Fabrice Delloye, ihr Ex-Mann und Vater ihrer Kinder
[10] Juan-Carlos, Ingrids Ehemann

traurig, die Liebe beruhigt und öffnet neue Wunden; sich erinnern ist immer wieder zu leben und zu sterben.

Jahrelang konnte ich nicht an die Kinder denken, weil der Schmerz über Papas Tod meine ganze Widerstandskraft aufsog. Wenn ich an sie dachte, hatte ich den Eindruck zu ersticken, ich konnte nicht mehr atmen. Dann sagte ich mir: Fab ist da, er wacht über alles, ich darf nicht denken, darf nicht denken. Bei Papas Tod, da bin ich fast verrückt geworden. Um mich der Trauer hinzugeben, habe ich das Bedürfnis, mit Astrica zu sprechen. Ich habe nie erfahren, wie es passiert ist, wer dabei war, ob er mir eine Botschaft hinterlassen hat, einen Brief, einen Segen.

Aber was im Laufe der Zeit meine Qual gemildert hat, war der Gedanke, dass er im Vertrauen auf Gott davongegangen ist und ich ihn eines Tages erneut in die Arme schließen werde. Ich bin dessen sicher. *Mamita,* Dich in jenem Augenblick stark zu spüren, war meine Stärke. Ich habe die Nachrichten erst gehört, als sie mich am 22. August 2003, dem Geburtstag seiner Tochter Carope, in die Gruppe von »Lucho«

Eladio Pérez[11] gesteckt haben. Wir waren sehr befreundet, sie haben uns im August voneinander getrennt. Aber die ganze Zeit, die wir miteinander verbracht haben, war er meine Stütze, mein Beschützer, mein Bruder. Sag Angela, Sergio, Laura, Marianita und Carope, dass ich sie in meinem Herzen bewahre, als ob sie meine Familie wären. Von diesem Zeitpunkt an höre ich die Botschaften, die Du mit einer unglaublichen Zähigkeit an mich richtest, niemals hast Du mich enttäuscht. Gott segne Dich. Ich habe Dir gesagt, dass ich jahrelang nicht an die Kinder denken konnte, weil ich schrecklich darunter litt, nicht mit ihnen zusammen sein zu können. Heute kann ich sie hören und mehr Freude als Schmerz empfinden. Ich suche sie in meinen Erinnerungen und lebe von den Bildern, die ich in meiner Erinnerung bewahrt habe, wie alt sie auch waren. Bei allen ihren Geburtstagen singe ich *Happy Birthday* für sie, und ich bitte um die Erlaubnis, einen Kuchen zu backen.

Früher zeigten sie sich verständnisvoll und ich konnte etwas machen. Aber seit drei Jahren lau-

---

[11] Senator, im Juni 2001 von den Farc entführt

29

tet, wenn ich die Bitte vorbringe, die Antwort Nein. Es ist mir gleich. Wenn sie mit einem Keks oder der üblichen Ration Reis mit Bohnen kommen, stelle ich mir vor, es sei ein Kuchen, und ich feiere ihren Geburtstag in meinem Herzen. Ich will, dass Ihr wisst, dass der 8. April und der 6. September und der 1. Oktober heilig für mich sind. Ich feiere auch den 31. Dezember, den 18. Juli, den 9. August, den 1. September und auch den 24. Juni und den 31. Oktober, die Geburtstage von Tante Nancy und Pacho. Ich habe mich hoffentlich nicht geirrt.

Meiner Méla, meinem Frühlingssonnenschein, meiner Prinzessin des Schwanengestirns, Euch, die ich so sehr liebe, möchte ich sagen, dass ich die stolzeste *Maman* der Welt bin. Ich habe ein solches Glück gehabt, dass mir Gott diese Kinder geschenkt hat, und meine Méla ist der große Preis meines Lebens. Als sie fünf Jahre alt war, bot sie mir schon mit liebevoller Intelligenz die Stirn, und seit jenem Tag hege ich eine grenzenlose Bewunderung für sie. In ihr stecken so viel Klugheit und Intelligenz. Und wenn ich heute sterben müsste, würde ich zufrieden aus dem Leben gehen, mit Dank an Gott für meine Kinder. Ich bin glücklich über ihren Master-Abschluss in New York. Es war genau das, was ich ihr geraten hätte. Das Kino ist ihre Leidenschaft, und ich bin in allem hundertprozentig mit ihr einverstanden. Aber, Achtung, sie muss unbedingt ihre Doktorprüfung machen. Heutzutage braucht man Diplome für alles. Seine Doktorprüfung zu machen heißt andere Ziele zu haben, sich in eine andere, anspruchsvollere, disziplinierte Welt zu begeben, das heißt, sich unter die Besten der Besten zu mischen.

Ich werde nie müde werden, bei Loli und Méla darauf zu bestehen, dass sie nicht aufgeben, solange sie nicht ihren Doktor haben. Ich möchte, dass Méla es mir verspricht, dass sie verspricht, schon jetzt im Internet zu suchen, selbst wenn es weit weg zu sein scheint, und sich die Websites von Harvard, Stanford und Yale etc. anzusehen und herauszufinden, was für Promotionsmöglichkeiten sie anbieten. In dem Bereich, der ihr Spaß macht, in dem Fach, das sie am meisten interessiert, Geschichte, Philosophie, Archäologie, Theologie, sie soll suchen, träumen und sich begeistern und daraus ihre persönliche Aufgabe ableiten. Ich weiß, dass sie arbeiten will; jeden packt die Lust, sich an die Arbeit zu machen, etwas hervorzubringen, wissen zu wollen, wer man wirklich ist, und das muss mit zu ihren Lebensplänen gehören. Je stärker man ist, desto mehr Erfolg hat man, je mehr Gelegenheiten sich bieten, desto größer ist die Welt, nach der man trachtet.

Meine Méla, Du weißt sehr gut, dass das alles lebenswichtig ist. Ich finde es wunderbar, dass Du Philosophie studierst statt Politikwissenschaft. Ich finde es wunderbar, dass Du mit Italienisch und Russisch begonnen hast, und wenn die Gelegenheit sich bietet, wenn das Leben es mir erlaubt, werde ich versuchen, Dich einzuholen. Ich bin Dein Fan Nr. 1, mir fehlen die Worte, um Dir zu sagen, wie sehr ich Deinen Weg schätze, die Klarheit Deiner Entscheidungen, mit welcher Reife Du Deine Laufbahn gewählt hast und auf welche Weise Du sie weiter verfolgst. Ich weiß, dass die Filmhochschule, in der Du Dich eingeschrieben hast, ein Muss ist, und ich bewundere dich dafür unendlich. Ich habe immer gesagt, dass Du die Beste warst, dass

Du viel besser bist als ich, dass Du das bist, was ich gerne gewesen wäre, aber in einer besseren Version. Deshalb bitte ich Dich, mein Liebes, mit all der Erfahrung, die ich im Leben gesammelt habe, und mit dem Abstand, den ich inzwischen gewonnen habe, Dich darauf vorzubereiten, das Höchste zu erreichen.

Meinem Lorenzo, meinem Loli Pop, meinem Engel des Lichts, meinem König der blauen Meere, meinem *chief musician,* der singt und mich entzückt, dem Herrn meines Herzens, möchte ich sagen, dass er seit seiner Geburt bis zum heutigen Tag die Quelle meiner Freuden war. Alles, was von ihm kommt, ist Balsam für mein Herz, alles gibt mir Trost, besänftigt und beruhigt mich. Wie gerne möchte ich ihn sehen, ihn umarmen und ihn hören. Dieses Jahr habe ich endlich ein- oder zweimal seine Stimme hören können. Ich habe vor Rührung gezittert. Das ist mein Loli, die Stimme meines Kindes, aber es ist eine Männerstimme, die die Kinderstimme überdeckt. Eine gewaltige Männerstimme, rau wie die von Papa. Hat er vielleicht auch seine Hände, diese großen schönen Hände geerbt, die mir heute so fehlen? Sollte Gott mir dieses Doppelgeschenk gemacht haben?

Neulich habe ich aus einer zufällig eingetroffenen Zeitung ein Foto ausgeschnitten. Einem Werbeblatt für ein Parfum von Carolina Herrera, 212 *Sexy Men*. Darauf ist ein junger Mann zu sehen; ich habe mir gesagt: »So etwa muss mein Lorenzo aussehen.« Und ich habe es aufbewahrt. Ich liebe Dich sehr, mein Herz. Ich erinnere mich an den Tag, als Du auf der Terrasse des Planetario gesungen hast, ich wusste immer, dass Du eine Künstlerseele und eine Engelsstimme hast. Gott sei Dank weiß ich, dass Du wunderbar Gitarre spielst. Erinnerst Du Dich an die Lehrerin, die Dir, als Du klein warst, zu Hause Stunden gegeben hat? Ich sehe Dich noch! Ich war immer neugierig, wenn sie mir sagte, dass Du ein guter Schüler seist, wo ich Dich doch niemals habe spielen hören. Aber ich erinnere mich an Deine Augen, wie sie leuchteten, wenn die Lehrerin kam oder wenn sie ging. Es geht mir nicht mehr aus dem Sinn. Dieses und viele andere Dinge, mein Schatz.

Ich möchte mich so gerne an Dich schmiegen und Dich, wenn ich schlafe, an mich drücken, so wie wir es gemacht haben, bevor sie mich entführt haben. Ich möchte Dich so gern mit Küssen bedecken. Dich hören. Mit Dir stundenlang reden und dass Du mir alles erzählst und dass ich Dir alles erzähle. Ich weiß, dass Du beim Abitur eine gute Note hattest. Du hast es besser gemacht als ich. Wie stolz ich auf Dich und Dein Doppeldiplom von der Sorbonne in Jura und Wirtschaftswissenschaften bin! Ausgezeichnet! Ich bin entzückt. Du solltest jedoch nicht die Politikwissenschaft ausklammern. Es ist fast derselbe Stoff, vor allem, wenn Du Dich für Wirtschaft und Finanzen entscheidest. Denke darüber nach: Du könntest Dich im September 2008 zum Examen melden, nach einem Jahr an der Sorbonne. Das ist eine wunderbare Universität, die Dir alle Türen öffnen wird. Und Du kannst es schaffen, Du bist brillant.

Und noch etwas: Vernachlässige die Musik nicht. Sie ist in Deinen Genen. Und wie bei Méla bestehe ich auf dem Master und dem Doktor. Ihr habt das Leben vor Euch, versucht Euch so weit hochzuarbeiten wie möglich. Studieren ist wachsen: nicht nur, weil man etwas lernt, sondern auch, weil es eine menschliche Erfahrung ist, denn um Euch herum bereichern Euch die Leute emotional, indem sie Euch zu einer größeren Selbstbeherrschung zwingen, und geistig, indem sie Euren Charakter im Umgang mit anderen formen, wobei das Ego sich ganz zurücknimmt und der Demut und der moralischen Kraft weicht. Das eine geht nicht ohne das andere. Das heißt also leben: größer zu werden, um anderen beizustehen. Deshalb ist Deine Musik so wichtig. Dank ihrer kannst Du Glück bringen und Mitgefühl, Solidarität und Engagement erzeugen. Und dank Deinem Studium kannst Du verstehen, wie unsere Gesellschaft, ihre Gesetze und ihre Regeln funktionieren, und Lösungen finden, zu einer besseren Welt zu gelangen.

Ich sage Euch beiden dasselbe: Ich bin überaus glücklich, die Mutter von solch großartigen Menschen zu sein, die mich in großes Erstaunen versetzen. Ich bin hundertprozentig mit Dir eins, mein Liebling. Eins bei allem und allem, was Du möchtest. Ja, ich bin Dein Fan Nr. 1, und ich habe sogar das Foto meines Idols ausge-

schnitten, wie ein Backfisch. Danke dafür, dass
Du mir so viel Glück schenkst.

Meinem geliebten Sébastien, meinem blauen
Babou, meinem kleinen Prinzen auf Reisen zu
den Gestirnen und den Vorfahren habe ich so
viel zu sagen! Erstens möchte ich diese Welt
nicht verlassen, ohne dass ihm nicht absolut
klar ist, dass es nicht zwei geliebte Kinder sind,
die Gott mir geschenkt hat, sondern drei, und
dass sie als solche im Lebensregister vermerkt
sind. Ich trage ihn jeden Tag in mir, ich erinnere
mich an ihn, so wie ich ihn das erste Mal gesehen habe, als Zorro verkleidet. Er war fünf Jahre
alt, und seine blauen Augen entdeckten eine
Welt, die sich zu schnell veränderte. Ich würde
gern stundenlang mit ihm reden, wie ich es mit
Méla und meinem Loli getan habe. Aber mit
ihm müsste ich Jahre des Schweigens entknoten,
die seit meiner Gefangenschaft zu sehr auf mir
lasten.
Ich habe beschlossen, dass meine Lieblingsfarbe
das Blau seiner Augen sei mit einem Hauch hel-
ler Malve von dem Pareo, den er mir vor Jahren

auf den Seychellen geschenkt hat. Ich werde ein helles malvenfarbiges Gewand anlegen, wenn ich das Gefängnisgrün dieses Dschungels verlasse. Ich möchte, dass er mir den *Moonwalk*-Tanz beibringt, ich möchte so vieles von ihm lernen. Aber über all das hinaus möchte ich ihm sagen, dass er so schön ist wie seine Mutter, so intelligent wie sein Papa und dass er meinen Charakter hat, was vielleicht manchmal ein Vorteil ist. Aber alles in allem ist es ein großes Karma. Deshalb glaube ich an Dich, mein Schatz, ich lache über uns beide, ich lache über Dich und ich lache über mich. Wir haben uns im Kreis gedreht, um genau dorthin zu gelangen, wo wir angefangen haben: Wir haben uns von ganzem Herzen lieb.

Ja, mein Babou, ich muss mit Dir reden, Dich wegen all der Momente, in denen ich vielem nicht gewachsen war, um Verzeihung bitten, um Verzeihung wegen meiner mangelnden Reife, während ich Dich hätte beschützen und in meine Liebe ganz einbeziehen und Dir die Kräfte zum Leben vermitteln sollen. Verzeih, dass ich es nicht gewagt habe, auf Dich zuzugehen und Dir zu sagen, dass alles sich verändern

38

kann, nur nicht meine Liebe zu Dir. Ich schreibe Dir das alles, damit Du es in Deinem Herzen bewahrst, mein geliebter Babou, falls es mir nicht gelingt, hier herauszukommen, und damit Du begreifst, was ich bei der Geburt Deines Bruders und Deiner Schwester begriffen habe: Ich habe Dich immer als den Sohn geliebt, der Du bist und den Gott mir geschenkt hat. Alles Übrige sind nur Formalitäten.

Jetzt muss ich sofort über meinen Fab reden. Wieso sollte ich ihm nicht sagen, dass unsere Kinder mein Glück sind? Dass die glücklichsten Augenblicke meines Lebens das Zeichen seiner Liebe, seiner Anwesenheit, seiner Persönlichkeit, seiner Vitalität tragen. Unsere Kinder sind fantastisch. Wie Papa zu mir und Astrid gesagt hat: »Sie sind eine Pracht.« Und ich wende mich an Fab, weil er es ist, dem ich das alles verdanke: mein Leben, mit dem Faden dieser bedingungslosen Liebe geknüpft, der niemals gerissen ist, dieses ewigen Eides, den wir uns in Mongui geschworen haben, uns über alles hinaus zu lieben, und den wir nie gebrochen haben. Nur die Liebe kann erklären, was wir sind, er und ich. Es handelt sich nicht um Konventionen, noch um weltliche Rituale, sondern um den Geist der Liebe Gottes, der alles ohne Bedingung gibt.

Ich weiß, dass Fab meinetwegen sehr gelitten hat, dass sein Leiden aber gemildert wird, weil er weiß, dass er eine Quelle des Friedens für mich war. Gott hat uns diese Prüfung geschickt, damit wir größer daraus hervorgehen, damit wir menschlich besser werden, damit wir alles entfernen, das unnütz ist und die Seele verdunkelt. Wir gehen diesen Weg gemeinsam, selbst wenn wir getrennt sind, und unsere Anstrengungen, unser Kampf sind wie ein Licht für unsere Kinder. Fab ist mein größter Trost; weil er da ist, ich weiß, dass es unseren Kindern gut geht, und wenn es ihnen gut geht, ist alles andere nicht schwer. Sag ihm, dass ich mich auf ihm ausruhe, dass ich an seiner Schulter weine, dass ich mich auf ihn stütze, um weiterhin vor Traurigkeit zu lächeln, und dass seine Liebe mich stark macht. Denn er stellt sich den Bedürfnissen meiner Kinder, ich kann aufhören zu atmen, ohne dass es mich zu sehr schmerzt.

Mamita, ich weiß auch, dass Fabrice, wenn Du irgendetwas brauchst, für Dich da sein wird, wie er es immer für mich war, ich weiß, dass Fabrice sich darum kümmert, wo Méla wohnt und wo Loli wohnt. Somit ängstige ich mich weniger. Ich bin stolz darauf, wie er um mich kämpft. Ich habe ihn mehrere Male im Radio gehört und ich habe ihn aus tiefstem Herzen bei jedem seiner Worte geküsst, wenn seine Stimme brach. Ich weinte in mich hinein, damit niemand es bemerkte. Danke, Fab, Du bist wunderbar.

Meiner Astrica gäbe es so viel zu sagen, dass ich nicht weiß, wo ich anfangen soll. Zunächst dass ihr »Lebensblatt« mich im ersten Jahr der Gefangenschaft, im Jahr der Trauer um Papa, gerettet hat. Sie allein kann verstehen, was Papas Tod für mich bedeutet. Es wird mir immer ein Trost sein, zu wissen, dass sie an seiner Seite war und dadurch ich auch. Ich habe ein solches Bedürfnis, mit ihr über alle diese Augenblicke zu sprechen, sie in meine Arme zu nehmen und zu weinen, bis der Brunnen voller Tränen, der mein Herz ist, versiegt.

Sie ist für mich ein Vorbild in allem, was ich am Tag tue. Ich denke immer: »Das habe ich mit Astrid gemacht, als wir klein waren« oder: »Das hat Astrid besser gemacht als ich.« Oder: »Wenn Astrid da wäre.« Oder: »Gott sei Dank hat Astrid das nicht gesehen, sie wäre gestorben vor Ekel oder vor Angst.« Etc. Wie ich heute ihre Reaktionen verstehe, wenn es Dinge gab, die sie nicht mochte und die sie nicht ertrug. Wie ich jetzt verstehe, dass meine Worte und mein Verhalten sie ärgern konnten. Ich verstehe meine Astrica so gut und ich fühle mich ihr so nahe, ganz nahe. Ich habe sie mehrere Male im Radio gehört. Ich hege große Bewunderung für ihre elegante Art sich auszudrücken, ihre klugen Gedanken, ihre emotionale Beherrschung. Ich höre sie und denke: »So möchte ich sein.« Ich fand immer, dass sie mir intellektuell überlegen war. Und außerdem habe ich im Laufe dieser Jahre entdeckt, welche Klugheit von ihr ausgeht, wenn sie spricht.

Das ist der Grund, weshalb ich nicht aufhöre, Gott zu danken. Ich weiß, dass ich ihr viel schulde, ihr und Daniel. Ihr könnt Euch nicht vorstellen, wie glücklich ich war, als ich erfuhr, dass sie geheiratet hatte. Ich weiß, dass Papa sich freut da oben wie ich in diesem Dschungel. Für mich ist Daniel etwas Besonderes, und wenn man mich nach meiner Meinung gefragt hätte, hätte ich gewollt, dass dies Astrids Ehemann würde, der »Adoptivpapa« von Anastasia und Stanis und mein Schwager. Ich liebe seine Intelligenz, seine Güte und seine Umsicht. Diese drei Qualitäten sind selten in einer Person vereint, aber wenn es der Fall ist, nötigen sie einem Bewunderung und Respekt ab. Ich bewundere und achte Daniel. Was für eine wunderbare Familie, Gott macht seine Sache gut. Ich nehme an, dass ihnen Anastasia und Stanis Freude machen … Es tut mir sehr weh, dass man mir ihre Zeichnungen abnimmt. In Anastasias Gedicht hieß es: »Durch einen Gewaltakt, einen Zauberstreich oder einen Eingriff des lieben Gottes wirst Du in drei Jahren oder drei Tagen wieder bei uns sein.« Und die Zeichnung von Stanis stellte die Rettung in einem Helikopter dar, mich eingeschlafen in einer Ecke, dieser hier vergleichbar, und ihn als Retter.

Ich liebe meine beiden Kleinen wie meine eigenen Kinder. Auch weil Anastasia mir ähnelt, selbst wenn sie viel besser reitet als ich. Ich will mit ihr in der École militaire Reitstunden nehmen. Und weil Stanislas mein Patenkind ist und ich mit ihm ein Eis auf den Champs-Élysées essen gehen muss. Was für tolle Kinder! Nutze es, Astrid, jedes Alter ist ein Gedicht, das verblasst, wenn es einmal gelesen ist. Mache Fotos, drehe Videos, ich sollte DVDs sagen. Im Bereich der Technologie bin ich im Rückstand. Tu's, damit ich sie eines Tages in verschiedenen Altersphasen sehen kann. Ich erinnere mich an Stanis, als Musketier verkleidet, der mir seine Speerspitze ins Auge stach, und an Papa, der sich diebisch über seine närrischen Streiche freute. Das sind meinem Herzen teure Schätze. Sie fehlen mir sehr, sehr, sehr.

An Juanqui: »Wo bist du?« Ich höre ihn nur von Zeit zu Zeit. Ich mag es gern, wenn er mir Botschaften schickt und von den Kindern erzählt, und er weiß, was für eine Freude das für mich ist. Ich weiß, dass diese Trennung grausam und schwierig ist, ich verstehe alles und ich liebe ihn wie an dem Tag, als wir, am Strand liegend, die

Sternschnuppen gezählt haben. Sag ihm, dass er sich mit sich und mit mir im Reinen fühlen könne. Dass, wenn das Leben es zulässt, wir aus dieser Prüfung noch stärker denn je hervorgehen werden.

Ich möchte Tante Nancy sagen, dass ich ständig an sie denke und dass ich sie in meinem Herzen trage. An Deiner Seite zu sein ist das Beste, was sie für mich getan hat. Ich bete, die Gelegenheit zu haben, ihr zu beweisen, wie lieb ich sie habe, dass ich mich ihr nahe fühle, dass sie für mich eine zweite Maman ist. Über Nancy schicke ich allen meine ganze Liebe: Danilo, Maria Adelaída, Sebás und Tomás, Alix und Michael, Jonathan, Matthew und Andrew. Pacho, Cuquín und seiner Verlobten. Ich freue mich, dass Pacho nach Kolumbien zurückgekehrt ist. Wie wünschte ich mir, da zu sein, um ihm beim Neubeginn zu helfen. Zweifellos wird das Pedro sehr viel besser machen, als ich es gekonnt hätte. Und wie gerne wäre ich auch beim Essen mit Toño dabei gewesen. Ich liebe sie alle sehr. Gewiss wird sich für Padro alles zum Guten ent-

wickeln. Ich empfange all die Energie, die er mir
mit »Nanmyoho Rengékio[12]« schickt.

Mamita, es gibt so viele Leute, denen ich danken möchte dafür, dass sie sich unserer erinnern,
uns nicht im Stich gelassen haben. Eine Zeit
lang waren wir wie Leprakranke, die das Fest ver-
derben.

Die Geiseln sind kein »politisch korrektes«
Thema, besser klingt es zu sagen, dass man
gegenüber der Guerilla stark sein muss, auch auf
die Gefahr hin, ein paar Menschenleben zu
opfern. Schweigen bewahren. Nur die Zeit kann
die Gewissen aufrütteln und zu einer höheren
Gesinnung bewegen. Ich denke, zum Beispiel,
an die Größe der Vereinigten Staaten. Diese
Größe ist nicht aus dem Reichtum der Erde
oder aus Rohstoffen erwachsen, sondern ist das
Ergebnis der seelischen Größe der Führer, die
diese Nation beeinflusst haben. Als Lincoln das
Recht auf Leben und Freiheit der schwarzen
Sklaven in Amerika verteidigte, musste er sich
Problemen stellen wie denen von Florida und

------

[12] Wiederholungsformel, die die Praktikanten der bud-
dhistischen japanischen Schule Sakagakkai benutzen

Pradera[13], sich den wirtschaftspolitischen Interessen widersetzen, die einige für wichtiger hielten als das Leben und die Freiheit einer Handvoll Schwarzer. Aber Lincoln hat gewonnen und heute gehört die Priorität menschlichen Lebens vor jeglichem wirtschaftlichen und politischen Interesse zur Kultur dieser Nation. In Kolumbien müssen wir an unsere Herkunft denken, an das, was wir sind, und wohin wir gehen wollen. Ich strebe danach, dass wir eines Tages alle ein gemeinsames Ziel verfolgen, dass die Völker sich aus dem Nichts erheben und nach oben streben. Ich erwarte den Tag, an dem wir das Leben und die Freiheit der Unseren ohne jegliche Zugeständnisse verteidigen, das heißt, wenn wir weniger individualistisch und mehr solidarisch sind, weniger gleichgültig und mehr mitfühlend, an jenem Tag werden wir dann die große Nation sein, die wir alle sehnsüchtig herbeiwünschen. Diese Nation ist da, schlummert

---

[13] Zwei Kommunen, bei denen die Farc die Demilitarisierung des Gebietes fordern, um daraus eine Zone zum Verhandeln für den Austausch der Geiseln und Gefangenen zu schaffen, eine Voraussetzung für jede Diskussion.

in unseren Herzen. Aber die Herzen sind ver-
härtet, unsere edleren Gefühle tief darin verborgen.

Es gibt jedoch viele Leute, denen ich danken
möchte, weil sie dazu beigetragen haben, die
Geister zu wecken und Kolumbiens Entwick-
lung voranzutreiben. Ich kann sie nicht alle
erwähnen, aber nennen muss ich Präsident
Alfonso Lopez und ganz allgemein alle liberalen
Präsidenten. Präsident Lopez, weil sein Tod für
uns sehr schmerzlich ist. Ich bedaure auch,
nicht mehr Hernan Echevarría umarmen zu
können, der mir so viel beigebracht hat und dem
ich so viel verdanke; also ergreife ich hier die
Gelegenheit, meine Bewunderung und meine
tiefe Zuneigung den Familien der Abgeordneten
zu erklären, Juan Carlos Narvaez, Alberto Giraldo, Alberto Barraga, Alberto Quintero, Ramiro
Echeverry, John Jairo Hoyos, Edinson Pérez. Ich
bete für jeden von ihnen, ich vergesse sie nicht,
als Hommage an das Leben, das in mir ist und
das ihnen gehört.

Mamita, oje, sie kommen und sammeln die Briefe ein. Ich werde nicht alles schreiben können, was ich möchte. An Piedad und Chavez all meine Zuneigung und Bewunderung. Unsere Leben ruhen in ihren Herzen, die ich groß und tapfer weiß. Ich möchte Präsident Chavez so viel sagen, wenn ich ihn in der Sendung *Aló Presidente* höre, ihm sagen, wie sehr ich seine Spontaneität und seine Großzügigkeit liebe. Die Kinder, die für ihn *Vallenatos* sangen, haben mich gerührt, es war ein wunderbarer Augenblick der Zärtlichkeit und Brüderlichkeit zwischen Kolumbianern und Venezolanern. Ich danke ihm, dass er sich für unsere Sache interessiert, die so wenig Aufmerksamkeit auf sich zieht, weil der Schmerz eines anderen niemanden interessiert, wenn er Teil der Statistik ist. Danke, Herr Präsident.

Ebenso Dank an Alvaro Leyva. Er war dem Ziel schon so nahe. Seine Klugheit, sein Edelmut und seine Standhaftigkeit haben mehr als einen nachdenklich gemacht, und hier handelt es sich weniger um die Freiheit einiger armer verrückter Gefangener im Dschungel als darum, sich bewusst zu machen, was es bedeutet, die menschliche Würde zu verteidigen. Danke, Alvaro!

Dank an Lucho Garzón für sein Engagement, sein Mitempfinden, seine Großzügigkeit und Beharrlichkeit. Auch hier beleuchten die Glühwürmchen bei einem Konzert den Wald. Auch hier singen wir mit der Stimme der Hoffnung.

Dank an Gustavo Petro, der unserer gedachte, als er Fotos anbrachte, und immer, wenn er kann, ein Rede hält. Dank all den Freunden, die uns mit ihren Solidaritätsbekundungen helfen, Polo und der liberalen Partei. Dank allen, die uns nicht der Dunkelheit anheimgeben, die es ablehnen, dass man die Geiseln vergisst.

Ich habe mehrere Male gehört, wie Juan Gabriel Uribe seine Kenntnisse in den Dienst einer möglichen Befreiung stellt. Ebenso Sahiel Hernández und Claudia López Dank!

Danke und Bravo an alle diejenigen, die den Bolivarpreis bekommen haben und nie aufgehört haben, die Sache der Freiheit zu verteidigen. Ganz besonderen Dank an Julio Sánchez Cristo für sein Engagement und sein liebevolles Verhalten. Dank an Daniel Coronel für seinen

Mut und seine Ausdauer und Dank noch einmal an Juan Gabriel Uribe für seine konstruktiven Überlegungen und sein unendliches Mitgefühl.

Viel schulden wir den Medien, die uns geholfen haben, in der Einsamkeit des Dschungels nicht verrückt zu werden. Meine Glückwünsche an Erwin Hoyos für seinen Preis, und all meine dankbare Bewunderung für seine Sendung *Las voces del secuestro*, wo Tausende von Stunden damit verbracht wurden, die Botschaften unserer Familien weiterzuleiten. Das waren Tausende von Stunden für uns ohne Angst oder Verzweiflung. Möge Gott sie segnen.

Dank an Nelson Bravo, Hernando Obando, Manuel Fernando Ochoa und die Mannschaft von *La Carrilera de las 5*. All diese endlosen Jahre lang hatten wir die Kraft, die Augen weit offen zu halten dank dem *Jingle* der Sendung, dem fröhlichen Vorspann für den einzigen Kontakt mit unseren Familien. Möge Gott uns eines Tages die Möglichkeit schenken, sie zu umarmen und ihnen einen Teil der Energie zurückzugeben, die ihre Stimmen unseren Herzen eingepflanzt haben, jeden Tag eines jeden Monats

51

eines jeden Jahres dieser schrecklichen Gefangenschaft.

Ich möchte auch Dario Arizmendi sagen, dass uns allen hier seine Hartnäckigkeit bewusst ist, wie er alles tut, damit unsere Erinnerung lebendig bleibt. Dafür danken wir ihm. Danke, dass er uns weiter die Hand entgegenstreckt. Seine Stimme ist die einzige wirkliche Kraft, die uns hilft, hier lebendig herauszukommen, denn es ist die Stimme, die Rechenschaft fordert. Danke, danke.

Wie viele Male haben wir nicht gespürt, dass Juan Gassain unser Leiden begriff, es zum seinen machte und diese Prüfung hatte leichter werden lassen dank der Begleitung von Tausenden Kolumbianern, die auch begreifen und das Gefühl der Frustration und der Verzweiflung mit uns teilen. In den Augenblicken der Einsamkeit und Verlassenheit haben wir das Interesse und das Engagement der Freunde von Todelar, L. Guillermo Troya und seiner ganzen Mannschaft gespürt. Sie waren immer für uns da. Danke.

Ich möchte alle nennen, aber ich habe keine Zeit mehr. Seid gegrüßt, J. G. Rios und alle diejenigen, die uns alle diese Jahre begleitet haben.

Ich möchte diesen Brief nicht beenden, ohne Monsignore Castro und Pater Echeverry einen schwesterlichen Gruß zu senden. Sie haben sich immer für uns eingesetzt. Sie haben immer das Wort ergriffen, wenn uns Schweigen und Vergessen mehr zudeckten als der Dschungel selbst. Möge Gott sie leiten, damit wir schnell über das Ganze in der Vergangenheit sprechen können. Und wenn Gott anders entscheidet, werden wir uns im Himmel wiedersehen und ihm für seine unendliche Barmherzigkeit danken.

Mein Herz gehört auch Frankreich. Und das »auch« ist überflüssig. »Ma douce France«, mein süßes Frankreich, das mir so viel gegeben hat. Dies habe ich auf Französisch geschrieben, aber ich will schnell zum Spanischen zurückkehren, um keinen Verdacht aufkommen zu lassen, der den Weg dieses Briefes erschweren würde. Wenn ich an Gott denke, wenn ich denke, dass er uns segnet, denke ich an Frankreich. Die Vorsehung äußert sich durch Weisheit und Liebe. Seit Beginn meiner Entführung war Frankreich die Stimme der Weisheit und der Liebe. Es hat sich nie für besiegt erklärt, es hat nie das Vergehen von Zeit als einzige Lösung akzeptiert. Es hat bei der Verteidigung unserer Rechte nie geschwankt. In schwärzester Nacht war Frankreich ein Leuchtturm. Als es politisch unklug war, unsere Freiheit zu fordern, hat Frankreich nicht geschwiegen. Als man unsere Familien beschuldigte, Kolumbien zu schaden, hat Frankreich sie gestützt und getröstet.

Es gelänge mir nicht, daran zu glauben, dass wir eines Tages unsere Freiheit wiedererlangen können, wüsste ich nicht um die Geschichte Frankreichs und seines Volkes. Ich habe Gott gebeten, er möchte mir dieselbe Kraft einflößen wie die, die Frankreich ermöglicht hat, Not und Elend zu ertragen, damit ich mich würdiger fühlen könnte, zu seinen Kindern gezählt zu werden. Ich liebe Frankreich von ganzem Herzen, die Wurzeln meines Seins versuchen sich aus den Komponenten seines Nationalcharakters zu nähren, der von Prinzipien und nicht von Interessen geleitet wird. Von ganzem Herzen, denn ich bewundere dieses Volk für seine Fähigkeit, aktiv zu werden, sich in Bewegung zu setzen, denn, wie Camus sagte, leben heißt sich engagieren. Heute hat sich Frankreich für die Geiseln im kolumbianischen Urwald engagiert, so wie es sich für Aung San Suu Kyi oder Anna Politkowskaja engagiert hat. Immer auf der Suche nach Gerechtigkeit, Freiheit und Wahrheit. Ich liebe Frankreich, das konsequent ist in seiner Beharrlichkeit und sich großzügig zeigt bei allem, wofür es sich ganz und gar engagiert. Meine Zuneigung zu Frankreich und zum französischen Volk ist der Ausdruck meiner Dankbarkeit. Ich bin der Treue, die es mir bezeugt hat, nicht würdig und ich halte mich für zu nichtig, um nach der Unterstützung so vieler Herzen zu streben. Ich beruhige mich, indem ich mir sage, dass das Engagement Frankreichs das eines Volkes für ein anderes Volk ist, das leidet. Es ist das Recht, anderen Menschen zu helfen, die dem Schmerz ausgeliefert sind. Es ist die Entscheidung, zu handeln angesichts des Unannehmbaren, denn schließlich ist das, was hier passiert ist, nicht hinnehmbar. Präsident Chirac hat uns jahrelang begleitet. Immer unerschütterlich, immer klar, immer voller Mitleid. Ihn und Dominique de Villepin trage ich in meinem Herzen. Alle diese Jahre waren entsetzlich, aber ich wäre wohl nicht mehr am Leben ohne die Unterstützung, die sie uns gewährt haben, uns allen hier, die wir lebendige Tote sind. Präsident Sarkozy hat einschneidende Änderungen in Frankreich beschlossen. Mit Sicherheit werden seine unerschütterliche Überzeugung und seine hehren Gefühle die Herzen und Sinne erhellen. Ich weiß, dass unser Leben voller Unsicherheit ist, aber die Geschichte entwickelt sich gemäß der Zeit, die ihr eigen ist. Und Präsident Sarkozy befindet sich am Wendepunkt der Geschichte. Mit Präsident Chavez, Präsident Bush und der Solidarität des ganzen lateinamerikanischen Kontinents könnte das Wunder geschehen. Jahrelang habe ich gedacht, dass ich, solange ich am Leben wäre und atmete, Hoffnung bewahren würde. Ich habe diese Kraft nicht mehr, es fällt mir schwer, weiter zu glauben, aber Sie sollen wissen, dass das, was Sie vollbracht haben, für uns den Unterschied ausmacht. Wir haben uns als menschliche Wesen gefühlt. Danke!

Mamita, ich habe Dir noch so viel zu sagen. Dir zu erklären, dass ich seit Langem keine Nachricht von Clara und ihrem Baby habe. Bitte Pin-

chao um Details, er wird Dir alles erzählen. Es
ist wichtig, dass Du dem, was er Dir erzählt, Vertrauen schenkst und Du gleichzeitig die Möglichkeit hast, auf Distanz zu gehen.

Ich weiß, dass Du mit der Mutter von Marc
Gonzalvez Kontakt hattest. Er ist großartig. Sag
seiner Mutter, sie möge ihm Nachrichten über
Carrilera 5 schicken: Sie hören die Sendung. Wir
hören sie wohl alle. Ich bin inzwischen in einer
anderen Gruppe, aber Marc habe ich sehr gern,
und sage Jo, dass es seinem Sohn gut geht.

Ich will Dich nicht verlassen. Wolle es Gott,
dass dieser Brief Dich erreicht. Ich trage Dich in
meinem Herzen, meine über alles geliebte
mamita. Noch eins: Astrid soll sich um das Wirt-
schaftliche kümmern (Preisnachlässse oder
anderes in der Art). Ich habe auch überlegt, da
niemand in meiner Wohnung lebt und wenn
niemand die fixen Kosten zahlt, könntest Du
Dich doch dort einrichten. Das wäre eine Sorge
weniger. Wenn Du mir im Radio etwas Persönli-
ches sagen willst, sag es auf Französisch, damit
ich verstehe, worum es sich handelt. Fahre fort
auf Spanisch, wir könnten zum Beispiel über
»Onkel Jorge« reden, ich werde es verstehen.

Mamita, möge Gott uns helfen, uns leiten, uns die Geduld geben und uns schützen. Immer und ewig. Deine Tochter.

Ingrid Betancourt, 15 Uhr 34

Brief von Mélanie und Lorenzo
Delloye-Betancourt

Meine liebe Maman,

Dein Brief, Dein langer Brief hat uns inzwischen nach so vielen Tagen der Trennung, des Schweigens, des Wartens und der Hoffnung erreicht. Er ist von so weit her gekommen, jenseits von Raum und Zeit. Als wenn ein ganzes Leben zwischen uns läge. Während all dieser Jahre habe ich Dich überall gesucht, in meinen Erinnerungen, in meinen Kämpfen. Während all dieser Jahre habe ich mich verzweifelt bemüht, mit Dir zu kommunizieren, Dich am Leben zu wissen. Und plötzlich warst Du da. So nahe, so dicht bei uns. Als ich Deinen Brief las, habe ich Deine Stimme wiedergefunden.

In diesem Dschungel, der Dich festhält, ist alles weit weg, selbst die Sonne. Alles tut weh, alles ist unmenschlich. Dennoch nichts Wahreres und nichts Richtigeres als die Worte, die Du zu finden gewusst hast. Maman, Du hast uns aufgeweckt. Deine Leiden sind die unseren geworden, Deine Verzweiflung ist von nun an unsere Dringlichkeit, Deine Liebe und Dein Mut sind unsere Stärke. Heute begreife ich, was es bedeutet, frei zu sein. Wir sind so stolz auf Dich, Maman. Du, die Du in Demut jeden Tag leidest und kämpfst, Du, die Du noch die Kraft findest, Dich zu weigern, das Spiel Deiner Peiniger zu spielen, sei überzeugt, Du machst uns größer, Du hast uns alle größer werden lassen.

Man kann denen, die man liebt, keinen schöneren Liebesbrief schreiben. Ich schmiege mich an Deine liebevollen Worte und ich sage mir immer wieder vor: »Du lebst, Du lebst.« Aber ich spüre auch, wie eine allzu große Angst in mir wächst. Jetzt, da ich Dich so nahe fühle, habe ich Angst, Dich erneut zu verlieren. Ich möchte nur eines, Dich in meine Arme nehmen und Dir sagen: »Wir sind da, Maman; wir setzen alles daran, Dich da herauszuholen. Halte durch. Dich erwarten so viele schöne Augenblicke. Du wirst uns noch weiter wachsen sehen, Loli und mich.« Aber ich kann Dich nicht sehen, ich kann Dich nicht berühren, ich kann Dich nicht halten, um Dich zu trösten. Also bereite ich mich vor, ich wähle meine Worte, ich beruhige meine Stimme, um Dir durch die Botschaften, die ich Dir im Radio zukommen lasse, all diese Kraft und Liebe zu übertragen.

Ich bin meiner Großmutter so dankbar, die vom ersten Tag an immer da war, beständig, und Dir jede Nacht im Radio eine Botschaft gesandt hat. Sie war immer überzeugt, dass Du uns hören konntest.

Dank Dir wird man nicht sagen können, man habe nichts gewusst. Dein Brief sagt die ganze Wahrheit über das, was Du und alle anderen Geiseln gerade durchmachen müssen. Man wird nicht mehr sagen können, dass man sich nicht darüber im Klaren war, wie dringend es ist. Dein Brief ist weit mehr als ein Zeugnis, weit mehr als ein Aufruf. Es ist ein Erdbeben. In Deinem Gefängnis kämpfst Du mehr als jeder andere für die Freiheit aller. Wenn heute die Dinge in Bewegung kommen, dann ist das Dir zu verdanken. Ich wollte, dass Deine Worte die Befehlshaber der Farc und den kolumbianischen Präsidenten nicht schlafen lassen, dass Manuel Marulanda und Alvaro Uribe keinen Schlaf finden, solange sie nicht begriffen haben, dass Euer Leben Vorrang hat vor ihrer Macht. Ich jedenfalls entkomme Deinen Worten nicht mehr, wo ich auch gehe und stehe, sie sind überall, und ich werde nicht mehr schlafen können, bis ich Dich wieder bei mir habe.

In Kolumbien hat Dein Aufruf Tausende aufgeweckt, als ob ihnen plötzlich nach all den Jahren klar wurde, dass jene Geiseln da unten mitten im Dschungel Leute sind wie sie, wie wir alle. Ich hatte den Eindruck, dass Tausende von Menschen sich in Deinen Sätzen wiedererkannten und sie plötzlich die Realität wiederentdeckten. Bis dahin reihte man die Zahlen aneinander: soundso viele Hundert Geiseln, soundso viele Jahre im Dschungel verbracht, soundso viele Personen bei Protestmärschen, soundso viele fehlgeschlagene Befreiungsversuche … Und plötzlich kommst Du mit Deinem Mut, Deiner Kraft und Deiner Intelligenz und erinnerst an das Offenkundige: Du bist einfach eine Frau, eine Tochter, eine Mutter. Und mit Deinen Worten erinnerst Du daran, dass die anderen Geiseln, alle die anderen auch Mütter und Väter, Töchter und Söhne, Schwestern und Brüder sind, dass auch sie eine Familie haben, die sie erwartet.

Hoffentlich hat man inzwischen begriffen, dass es keine Schicksalsfügung ist. Man kann nicht mehr sagen: »Da ist nichts zu machen, man kann für diese Unglücklichen nichts tun …« Nein. Dein Leben, das unsere, unsere Träume, unsere glücklichen Stunden, unser Glück, das an dem so lange erwarteten Tag beginnen wird, wenn wir Dich endlich in unsere Arme schließen können, alles wie das Leben, die Träume, das Glück all der anderen Geiseln hängt schließlich nur von einigen wenigen Personen ab: den Führern der Farc, der kolumbianischen Regierung, mit denen sie in einen Dialog treten wollen. Eine Handvoll Männer, weiter nichts.

Jene Männer haben keine Entschuldigung. Sie haben alle Zeit gehabt, über ihre Vorgehensweisen nachzudenken, sie konnten sie Tausende Male abwägen. Vielleicht warten sie wieder einmal auf den »richtigen« Augenblick? Vielleicht hoffen sie auf eine bessere Karte in ihrem Spiel? Die Spieler denken immer, dass sie eine bessere

Karte ergattern. Nur gibt es heute kein Spiel mehr. Es wird keine anderen Partien mehr geben.

Die Farc müssen sich also darüber klar werden, dass in den nächsten Tagen, Wochen ihre Entscheidung Geschichte machen wird. Wenn sie sich zu einem Schritt nach vorn, sprich: für die Freiheit der Geiseln entschließen, wird das so eingetragen werden. Wenn sie sagen, sie möchten lieber warten, um mehr zu bekommen, um mehr zu gewinnen, denn sie fühlen sich durch die Eingesperrten geschützt wie von einem Schild, werden sie verlieren. Sie sind die großen Verlierer, auch daran wird die Geschichte sich erinnern.

Der kolumbianische Präsident, von dem man Mitgefühl, mehr Menschlichkeit erwartet hätte, oder einfach nur Beistand, hat alle diese Jahre vergehen lassen, indem er nichts als Gleichgültigkeit zeigte, oder schlimmer noch, indem er jedes Mal neue Hindernisse aufbaute, damit alle Bemühungen, zu einer Übereinstimmung zu gelangen, fehlschlugen. Unentwegt stießen wir auf Interessen, die wichtiger waren als das Leben derer, die wir lieben, auf so viele Vorwände, um uns zu erklären, dass die Situation kompliziert sei, dass man Geduld haben müsse etc. Wenn man jedoch einräumt, dass es Priorität hat, menschliche Wesen aus der Hölle zu retten, dann sind die Dinge einfach: Es gibt Geiselnehmer, die sich die Farc nennen, und man muss verhandeln.

In Deinem Brief beschwörst Du die Vereinigten Staaten, die Schlachten, die Abraham Lincoln für die Freiheit geschlagen hat. Du sagst, dass auch er auf absurde Hindernisse stieß, auf die von Florida und Pradera (Colorado), jenen beiden Kommunen, die die Farc unbedingt dreißig Tage lang demilitarisieren wollen, um ein Vorfeld für die Verhandlung zu schaffen. Das erscheint verrückt, aber es stimmt: Während dieser langen Jahre beläuft sich alles auf den Streit um einen Ort.

Sie sprachen kaum über die Modalitäten eines Austausches, sie interessierten sich nur für die Örtlichkeit, wo sie sich hinsetzen wollten. Mehr oder weniger zwei Quadratkilometer, um einander zu treffen, nur so viel ist das Leben derjenigen wert, die wir lieben. Was für ein idiotisches Kräfteverhältnis!

Ich hoffe heute, dass diese Vorwände niemanden mehr täuschen können und dass die Regierung und die Farc gezwungen sind, zur Realität zurückzukehren. Die Unterstützung, die die kolumbianische Regierung uns verweigert hat, haben wir anderswo in der Welt gefunden, in Lateinamerika, in Europa und natürlich in Frankreich, das seinen Werten getreu handelt. Der französische Präsident Nicholas Sarkozy hat Eurer Befreiung Priorität verliehen und legt nicht die Hände in den Schoß. Eine Menge Leute haben sich erhoben, um ganz einfach zu sagen, wir akzeptieren nicht, was nicht akzeptierbar ist, und tun alles, um Dich zu befreien, Dich und die anderen Geiseln.

Ich frage mich, was Du über all das denkst, Maman, tief in Deinem Dschungel, wenn Du die Informationsfetzen im Radio hörst. Vielleicht glaubst Du nicht mehr daran, es zieht sich schon so lange hin, es hat zu viele zerbrochene Hoffnungen gegeben ... Ich glaube daran. Aber ich weiß, dass es mein Fassungsvermögen übersteigt. Nun sind es all diese auf Euch gerichteten

Augen, diese entrüsteten Blicke, sich regenden Gewissen – die ganze Welt macht mobil. Die Farc müssen begreifen: Sie werden niemals wieder eine bessere Gelegenheit finden als heute. Der kolumbianische Präsident muss endlich handeln: Er hat die Macht, die Geiseln zurückkehren zu lassen und Dir, Maman, und all den anderen das Leben neu zu schenken. Ja, er hat die Macht. Und das kann auch für ihn eine Chance sein. Heute kann man Dich noch retten. Man kann Euch retten.

Maman, wir wissen, dass es dringlich ist. Wir wissen, dass Du am Ende bist. Wir können uns vorstellen, wie schwierig es ist, noch ein letztes Quäntchen Kraft aufzubringen, um immer wieder eine weitere Nacht des Leidens, einen weiteren Zwangsmarsch in der Hölle, weitere Demütigungen zu ertragen. Wir wissen es. Wir holen Dich da heraus. Ich flehe Dich an, sag Dir in solchen schrecklichen Augenblicken, wir sind da, wir denken an Dich und wir kämpfen für Dich.

Ein wenig weiter weg, nur ein wenig weiter, hinter den Gipfeln legen Tausende von Leuten nicht die Hände in den Schoß, sondern tun, was sie können, um Dich so schnell wie möglich zu befreien, weil sie sich in Dir, Deinem Mut und Deinem Kampf, wiedererkennen, weil sie Dich als eine der Ihren betrachten wie eine Mutter, eine Schwester, eine Freundin. Sie sind entschlossen, Dich nicht fallen zu lassen.

Dein Brief und Deine unglaublichen Worte haben die Welt geschockt. Die Staatsoberhäupter haben den Ausnahmezustand erklärt. Ganz Lateinamerika steht auf. Die Situation der Geiseln ist eines *der* Themen der internationalen Politik geworden. Dein Brief hat Euch ins Rampenlicht gerückt, und von nun kann Euch niemand mehr ignorieren.

Du machst Dir Sorgen um uns, Deine Kinder, Loli, Sébastien und mich. Maman, sorge Dich nicht um uns. Wir kämpfen, wir warten auf Deine Rückkehr, aber wir leben auch. Wir möchten, dass Du stolz auf uns bist, wenn Du zurückkommst. Immer hat uns Deine Kraft getragen. Nun sind wir dran, Dich zu tragen, uns um Dich zu kümmern. Jetzt ist es an Loli und mir, Dir das zu vermitteln, was Du uns vermittelt hast: die Gewissheit, dass noch ein ganz klein wenig Energie vorhanden ist, während man glaubte, am Boden angelangt zu sein.

Du bist widerstandsfähig, mutig, intelligent und stark. Ich weiß, Widerstandsfähigkeit, Mut und Kraft sind nicht unendlich. Wir bitten Dich nur um ein bisschen, nur ein ganz kleines bisschen – Du musst durchhalten, Maman! Unsere Worte, die Dich über Radio erreichen, werden Deine Energie sein. Unsere Gedanken, die wir Dir im Geheimen senden, werden Dein Trost sein. Wir verlassen Dich nicht, Maman. Wir werden gewinnen. Ich will Dich bald sehen, Dein Lächeln wiederfinden, Deine Lebensfreude. Es wird wieder Bücher, Lachen und Leichtigkeit für Dich geben.

Dieser Brief ist kein Abschiedsbrief. Es ist ein Wiedersehensbrief. Bis bald, Maman.

Mélanie und Lorenzo

Im Namen
der kolumbianischen Geiseln

In dem Bürgerkrieg, der seit vierzig Jahren zwischen der zentralen Staatsgewalt und den Fuerzas Armadas Revolucionarias de Colombia *(Farc: Revolutionäre Streitkräfte Kolumbiens) wütet, einer marxistisch beeinflussten Guerilla von 17 000 Männern und Frauen, sind Tausende von Menschen Opfer grausamer Gewalttaten, Entführungen und sonstiger Freiheitsberaubung. Die Situation der Verschleppten, von denen einige seit mehr als zehn Jah-ren im Dschungel angekettet sind, wird von Tag zu Tag kritischer, und viele von ihnen sind getötet worden.*

Als dieses Buch erschien, zählte man vierundvierzig Geiseln aus politischen Gründen, unter ihnen Ingrid Betancourt, die im Februar 2002 entführt worden war. Zwei erste Geiseln, Clara Rojas, Ingrids Wahlkampfleiterin, und die Abgeordnete Consuelo Gonzáles, wurden im Januar 2008 befreit, was Hoffnung aufleben ließ.

Die Autoren und der Verleger dieses Werks ebenso wie Tausende Leute, die sich in der ganzen Welt in Bewe-

gung gesetzt haben, fordern, dass schnellstens humani-
täre Vereinbarungen getroffen werden müssen, um die
vierundvierzig von den Farc festgehaltenen Geiseln
gegen die 500 Guerilleros auszutauschen, die die
Regierung von Bogotá gefangen hält.

Die Daten ihrer Entführung:

14 Militärangehörige:

Gefreiter Libio Martinez (21.12.1997)

Gefreiter Pablo Mancayo (21.12.1997)

Gefreiter José Miguel Artcaga (3.2.1998)

Gefreiter Luis Arturo Arcia (3.3.1998)

Gefreiter Luis Betrán (3.3.1998)

Gefreiter Amaon Flórez (3.3.1998)

Unteroffizier José Ricardo Marulanda
(3.3.1998)

Gefreiter William Pérez (3.3.1998)

Oberleutnant Juan Carlos Bermeo (8.3.1998)

Unteroffizier Harvey Delgado (8.3.1998)

Unteroffizier Luis Moreno (8.3.1998)

Unteroffizier Erasmo Romero (8.3.1998)

Gefreiter Róbinson Salcedo (3.8.1998)

Oberleutnant Raimundo Malagón (4.8.1998)

19 Polizeiangehörige:

Unteroffizier César Lasso (11.1.1998)

Oberst Luis Mendieta (11.1.1998)

Gefreiter Enrique Murillo (11.1.1998)

Leutnant Luis Pena (11.1.1998)

Gefreiter Julio Buitrago (8.3.1998)

Gefreiter Jhon Durán (8.3.1998)

Oberleutnant William Donato (8.4.1998)

Leutnant Jorge Romero (3.8.1998)

Hauptmann Edgar Duarte (14.10.1998)

Leutnant Elkin Fernández (14.10.1998)

Leutnant Carlos Duarte (7.11.1998)

Leutnant Javier Rodriguez (11.1.1998)

Leutnant Wilson Rojas (7.11.1998)

Leutnant Armanda Castellanos (16.11.1999)

Gefreiter José Libardo Forero (7.12.1999)

Leutnant Jorge Trujillo (7.12.1999)

Unteroffizier Luis Erazo (9.12.1999)

Leutnant Alvaro Moreno (12.9.2000)

Hauptmann Guillermo Solarzano (4.6.2007)

Zwei weiteren Geiseln ist es gelungen zu fliehen:

Fernando Araujo konnte am 1. Januar 2007 nach sechs Jahren Gefangenschaft fliehen und wurde Außenminister der Regierung Uribe.

Leutnant Jhon Pinchao konnte am 15. Mai 2007 nach acht Jahren Gefangenschaft fliehen.

Einer starb in der Gefangenschaft:

Hauptmann Julián Guevara im Januar 2006 nach 8 Jahren Gefangenschaft.

Eine weitere Gruppe politischer Geiseln war am 5. Mai 2003 in der Nähe von Medellin, der Hauptstadt von Antioquien, während eines Rettungsversuchs durch die Armee ermordet worden:

Guillermo Gaviria Correa, Ex-Gouverneur von Antioquien

Gilberto Echeverri, früherer Verteidigungsminister

Beide waren am 21. April 2002 entführt worden.

Ebenso acht Soldaten, die 1999 bei verschiedenen Kampfhandlungen entführt worden waren:

Samuel Ernesto Cote

Héctor Lucuara

Mario Alberto Marin

Yercinio Navarrete

Francisco Manuel Negrete

Alcjandro Ledesma Ortiz

José Gregorio Pena

Wagner Tapias Torres

Drei Soldaten haben überlebt:

Antenor Biella

Heriberto Aranguren Gonsalez

Pedro Guarnizo Ovalle

Acht Zivilisten, politische Persönlichkeiten:

Oscar Lizcano (8.5.2000)

Alan Jara (15.7.2001)

Gloria Polanco (19.8.2001)

Orlando Beltrán (28.8.2001)

Luis Eladio Pérez (6.10.2001)

Jorge Eduardo Gechen (19.2.2002)

Ingrid Betancourt (23.2.2002)

Sigifredo López (11.4.2002)

Drei amerikanische Geiseln:

Marc Gonsalves (13.2.2003)

Thomas Howe (13.2.2003)

Keith Stannsen (13.2.2003)

Zwei Zivilisten wurden im Januar 2008 befreit:

Clara Rojas (23.2.2002)

Consuelo Gonzalés (9.11.2001)

ebenso der kleine Emmanuel, Sohn von Clara Rojas, geboren in der Gefangenschaft

Elf Abgeordnete des Cauca-Tals, 2002 entführt, wurden am 18. Juni 2007 bei einem vermuteten Angriff auf das Lager ermordet, wo die Farc sie gefangen hielten:

Héctor Arismendi

Carlos Barragán

Carlos Charry

Ramiro Echeverri

Francisco Giraldo

Jairo Hoyos

Juan Carlos Narváez

Nacianceno Orozco

Alberto Quintero

Rufino Vatelo

Arno Surminski
Die Vogelwelt von Auschwitz

Ein erschütterndes Meisterwerk

KZ-Häftling Marek wähnt sich schon in Freiheit, bei seiner Verlobten Elisa in Krakau, als
er zum Skizzenmaler für den Wachmann
Hans Grote bestimmt wird, um mit ihm die
Vogelwelt der Umgebung zu erkunden. Er
irrt. Um zu überleben, muss er lernen, klein
zu denken: zeichnen, Tiere präparieren, nicht
über die Weichsel schwimmen. Den Gestank
der Krematorien riechen, keine Fragen stellen. Und: nicht krank werden.

Ein erschütterndes Psychogramm zweier
Männer, die sich vor dem unvorstellbaren
Grauen des Vernichtungslagers in eine
Scheinidylle flüchten. Die alltäglichen Schre-
ckensbilder treffen die Protagonisten nicht,
aber uns – mitten ins Herz.

160 Seiten, ISBN 978-3-7844-3126-0
Langen*Müller*

Lesetipp

BUCHVERLAGE
LANGENMÜLLER HERBIG NYMPHENBURGER
WWW.HERBIG.NET